四川省地方标准

桥面铺装整平层复合强化技术规程

DB 51/T 1993—2015

Technical Specification for Bridge Deck Pavement Leveling Layer Compound Reinforcement

主编单位：四川省交通运输厅公路规划
勘察设计研究院
批准部门：四川省质量技术监督局
实施日期：2015 年 10 月 01 日

人民交通出版社股份有限公司

图书在版编目(CIP)数据

桥面铺装整平层复合强化技术规程 / 四川省交通运输厅公路规划勘察设计研究院主编. — 北京：人民交通出版社股份有限公司, 2015.10
ISBN 978-7-114-12522-5

Ⅰ.①桥… Ⅱ.①四… Ⅲ.①桥面铺装—强化—技术规范 Ⅳ.①U443.33-65

中国版本图书馆 CIP 数据核字(2015)第 226075 号

书　　名：	桥面铺装整平层复合强化技术规程
著　作　者：	四川省交通运输厅公路规划勘察设计研究院
责任编辑：	黎小东　韩　帅
出版发行：	人民交通出版社股份有限公司
地　　址：	(100011)北京市朝阳区安定门外外馆斜街 3 号
网　　址：	http://www.ccpress.com.cn
销售电话：	(010)59757973
总　经　销：	人民交通出版社股份有限公司发行部
经　　销：	各地新华书店
印　　刷：	北京市密东印刷有限公司
开　　本：	880×1230　1/32
印　　张：	1.25
字　　数：	19 千
版　　次：	2015 年 10 月　第 1 版
印　　次：	2015 年 10 月　第 1 次印刷
书　　号：	ISBN 978-7-114-12522-5
定　　价：	20.00 元

(有印刷、装订质量问题的图书由本公司负责调换)

前　言

根据四川省质量技术监督局川质监函〔2014〕100号《关于下达2014年度地方标准制（修）订项目立项计划的通知》的要求，以四川省交通科技项目"桥面铺装整平层复合强化技术研究"的成果为支撑，结合依托工程施工经验，制定了《桥面铺装整平层复合强化技术规程》。

本规程主要技术内容包括：总则、术语、基本规定、原材料、混凝土性能、设计与施工及质量验收。

本规程由四川省质量技术监督局审查批准［四川省地方标准公告2015发字第4号（总第42号）］，四川省交通运输厅负责管理，四川省交通运输厅公路规划勘察设计研究院负责具体技术内容的解释。各有关单位在执行过程中如有意见和建议，请函告四川省交通运输厅公路规划勘察设计研究院（地址：成都市武侯横街1号，邮编：610041），以便修订时参考。

主 编 单 位： 四川省交通运输厅公路规划勘察设计研究院
参 编 单 位： 武汉理工大学
　　　　　　　四川川交路桥有限责任公司
　　　　　　　四川交投建设工程股份有限公司
　　　　　　　西华大学
主要起草人： 牟廷敏　熊国斌　范碧琨　周孝军
　　　　　　　王潇碧　周永军　苏俊臣
主 审 人： 庄卫林　丁庆军

目　次

1 范围 …………………………………………………………… 1
2 规范性引用文件 ……………………………………………… 2
3 总则 …………………………………………………………… 3
4 术语 …………………………………………………………… 6
5 基本规定 ……………………………………………………… 8
6 原材料 ………………………………………………………… 10
　6.1 水泥 ……………………………………………………… 10
　6.2 集料 ……………………………………………………… 11
　6.3 矿物掺和料 ……………………………………………… 11
　6.4 化学外加剂 ……………………………………………… 12
　6.5 纤维 ……………………………………………………… 13
　6.6 拌和用水 ………………………………………………… 14
7 混凝土性能 …………………………………………………… 15
8 设计与施工 …………………………………………………… 17
　8.1 材料组成设计 …………………………………………… 17
　8.2 界面连接构造 …………………………………………… 18
　8.3 桥面连续处理 …………………………………………… 19
　8.4 伸缩缝槽口整平层构造 ………………………………… 20

8.5 桥台处整平层构造 …………………………………………… 20

8.6 整平层表面切缝 ……………………………………………… 21

8.7 整平层表面填缝 ……………………………………………… 22

8.8 配合比设计 …………………………………………………… 23

8.9 原材料检查 …………………………………………………… 25

8.10 混凝土拌和 ………………………………………………… 25

8.11 工作性能 …………………………………………………… 26

8.12 混凝土运输 ………………………………………………… 27

8.13 施工 ………………………………………………………… 27

8.14 养护 ………………………………………………………… 31

9 质量验收 ………………………………………………………… 33

1 范　围

本规程规定了桥面铺装整平层的术语、混凝土原材料与性能、整平层的设计与施工及质量验收等。

本规程适用于水泥混凝土桥面铺装整平层的设计、施工和验收。

2 规范性引用文件

下列文件对于本文件的应用是必不可少的。凡是注日期的引用文件,仅注日期的版本适用于本文件。凡是不注日期的引用文件,其最新版本(包括所有的修改单)适用于本文件。

GB/T 50476　混凝土结构耐久性设计规范

JTG/T F50　公路桥涵施工技术规范

JTG F80/1　公路工程质量检验评定标准　第一册　土建工程

CECS 38　纤维混凝土结构技术规程

SCG F51　桥梁高性能混凝土制备与应用技术指南

3 总　则

3.0.1 为了规范桥梁的桥面铺装质量和耐久性，结合科研成果，特制订本规程。

3.0.2 本规程适用于钢筋混凝土梁式桥有沥青混凝土面层的桥面铺装整平层的设计、施工和验收。

条文说明

桥面铺装整平层上面覆盖有沥青混凝土面层，因此耐磨性和强度不是整平层混凝土的关键指标，本规程提出的复合强化技术目标是提高混凝土的抗裂性、韧性、工作性能、黏结性能和耐久性能等。当直接采用整平层作桥面铺装面层，或特殊桥梁的桥面铺装整平层采用本规程技术时，应通过专题试验并在专门技术人员指导下实施。

3.0.3 整平层采用混杂纤维混凝土，即聚丙烯腈纤维、钢纤维、复合外加剂、胶凝材料与普通砂石材料组成制备的混凝土。

条文说明

复合外加剂应具有减缩、增韧和高效减水保塑功能。

3.0.4 整平层复合强化技术包括整平层结构设计、原材料选择、混凝土配合比设计、连接界面处理、混凝土拌和与运输、混凝土浇筑和养护技术。

3.0.5 整平层混凝土的配合比设计应根据整平层特点,在符合强度等级要求的条件下,确定合理的工作性能、体积稳定性能、耐久性能。

3.0.6 应根据工程特点,完成桥面铺装整平层施工组织设计,报请审查批准后才能开展施工。

条文说明

桥面铺装整平层施工组织设计应包括施工技术方案、人力组织、设备投入和质量保证体系等内容,形成专题报告,报请监理、业主并组织专家审查后,再批复实施。

3.0.7 整平层复合强化技术,除应符合本规程的规定外,尚应符合国家或行业现行有关标准的要求。

条文说明

桥面铺装整平层混凝土设计应符合《混凝土结构耐久性设计规范》(GB/T 50476)、《桥梁高性能混凝土制备与应用技术指南》(SCG F51)的规定;整平层混凝土施工应符合《公路桥涵施工技规范》(JTG/T F50)的规定;整平层混凝土工程质量应符合《公路工程质量检验评定标准 第一册 土建工程》(JTG F80/1)的规定;混杂纤维混凝土中掺入的纤维应符合《纤维混凝土结构技术规程》(CECS 38)的规定。

4 术 语

4.0.1 整平层

位于混凝土主梁与沥青混凝土面层之间的水泥混凝土调平结构层。

4.0.2 复合强化技术

指掺入复合外加剂和混杂纤维,按密实骨架法进行集料、矿物掺和料组成设计制备高性能混凝土,通过强化界面连接和保水养护工艺,提高整平层强度、整体性和耐久性的成套技术。

4.0.3 强化界面连接

采用柔性闭合环式的钢筋剪力键和保水浸透梁体表面,强化整平层与混凝土梁间的连接能力。

4.0.4 保水养护工艺

待整平层混凝土浇筑整平后,立即覆盖厚型塑料薄膜保水养护的工艺。

4.0.5 混杂纤维混凝土

用一定量乱向分布的两种或两种以上不同纤维材料增强的水泥混凝土。

4.0.6 高性能混凝土

采用常规材料和工艺生产，具有混凝土结构所要求的各项力学性能，且具有高耐久性、高工作性和高体积稳定性的混凝土。

4.0.7 整平层耐久性

整平层在所处工作环境下，长期抵抗内、外部劣化因素的作用，仍能维持其应有结构性能的能力。

5 基本规定

5.0.1 整平层复合强化技术适用于厚度为 6~15cm 的整平层,且混凝土密度应小于 2 600kg/m³,其适用环境条件为Ⅰ~Ⅲ类地区。

5.0.2 整平层应具有与桥梁其他构件设计要求相同的设计使用年限,该层不参与结构总体受力计算。

条文说明

该层不参与结构总体受力计算是指整平层不参与主梁、主拱等第一体系受力计算。

5.0.3 整平层的混凝土原材料应符合下列要求:

1 应采用 P·O 42.5 普通硅酸盐水泥或粉煤灰硅酸盐水泥,不宜采用快硬早强型硫铝酸盐水泥。

2 应采用坚固耐久、连续级配、粒形良好的洁净集料。

3 应使用Ⅰ级或Ⅱ级粉煤灰、S95 级粒化高炉矿渣等矿物掺和料。

4 应采用减缩、增韧和高效减水保塑的复合外加剂。

5 优化混凝土配合比,控制拌和用水量,胶凝材料最高用量不应超过 420kg/m³。

6 纤维材料的选择应符合收缩量小、分散均匀、防裂性能高、韧性贡献大且抗拉强度高的要求,同时聚丙烯腈纤维应符合亲水性和良好的分散性要求。

7 桥面整平层混凝土应采用厚型的塑料薄膜或养生薄膜养护。

5.0.4 桥面伸缩缝的构造应符合设计文件的要求。

5.0.5 整平层的施工应符合下列要求:

1 整平层混凝土中采用的混杂纤维在拌和时不应成团且分布均匀。

2 整平层与梁体表面的界面应加强清理、清洗和浸水等预处理。

3 整平层浇筑完成后应按设计要求及时切缝。

4 整平层浇筑完成后应立即覆盖厚型塑料薄膜、保水养护。

6 原 材 料

6.1 水 泥

6.1.1 整平层混凝土选用的普通硅酸盐水泥应符合下列要求：
    1 水泥中 C_3A 含量一般不宜超过8%。
    2 水泥细度(比表面积)不宜超过 $350m^2/kg$。
    3 游离氧化钙不得超过1.5%。
    4 氯离子含量不得超过水泥质量的0.06%。
    5 水泥含碱量不宜超过水泥质量的0.6%，混凝土内总含碱量(包括所有原材料)不得大于 $3.0kg/m^3$。

6.1.2 水泥入场后应按品种、强度等级、厂家、出厂日期分别存放，同时应采取防潮措施。

6.1.3 水泥应分批检验，质量应稳定，若存放期超过3个月应重新检验。

6.1.4 水泥使用时温度不宜超过55℃。

条文说明

水泥温度过高,吸附外加剂的能力强,水泥水化速度快,混凝土坍落度损失大,影响其工作性能。

6.2 集 料

6.2.1 整平层混凝土粗集料一般宜选用5～20mm连续级配碎石,品质稳定,针片状颗粒含量≤10%,压碎值≤20%,含泥量≤1.0%。

6.2.2 整平层混凝土细集料应选择质地坚硬、级配良好的河砂或机制砂,细度模数宜为2.3～3.5,含泥量不应大于2.0%,泥块的含量不应大于1.0%。当采用机制砂时,石粉含量不宜大于10%。

6.2.3 施工前应对集料应进行碱-硅或碱-碳酸盐活性反应检测,并符合相关规范或技术标准要求,确定无碱反应活性,或采取抑制碱集料反应的技术措施后,方可使用于工程中。

6.3 矿物掺和料

6.3.1 粉煤灰矿物掺和料技术性能指标应符合下列要求:
整平层混凝土宜采用Ⅰ级粉煤灰,条件受限时可采用Ⅱ级粉煤灰,其技术性能应符合表6.3.1的要求。

表6.3.1 粉煤灰技术性能指标

项目		级别及技术性能指标	
		Ⅰ级	Ⅱ级
细度(0.0045mm方孔筛筛余)(%) ≤		12	25
需水量比(%) ≤		95	105
烧失量(%) ≤		5.0	8.0
含水率(%) ≤		1.0	
三氧化硫(%) ≤		3.0	
游离氧化钙(%) ≤	F类粉煤灰	1.0	
	C类粉煤灰	4.0	

6.3.2 当采用粒化高炉矿渣等其他矿物掺和料时,其性能指标应符合相应的规范要求,或通过专题试验研究确定。

6.4 化学外加剂

6.4.1 整平层的混凝土,应采用减缩、增韧和高效减水保塑的聚羧酸系减水剂,其减水率不宜低于25%,且应对混凝土和钢材无害。

条文说明

如果梁体和桥面整平层的混凝土浇筑龄期相差过大,将导致两种混凝土收缩变形不一致,同时由于整平层较薄、厚薄不均、暴露面积大等因素,极易造成早期裂纹,因此,提出了外加剂减缩、防裂、增韧等复合性能的要求。

6.4.2 采用的外加剂应符合下列要求:

1 减水剂应有厂商提供的相应减水率及推荐掺量,同时应提供氯离子含量、含碱量和使用注意事项。

2 减水剂中的氯离子含量不得大于混凝土中胶凝材料总量的0.02%,硫酸钠含量不宜大于减水剂干重的15%。

3 不得使用氯化钠、氯化钙等氯盐的外加剂,不宜使用早强剂。

6.5 纤 维

6.5.1 钢纤维应符合下列要求:

1 宜采用多锚固点的碳素冷拔钢丝切断型钢纤维,表面应有明显的压痕;其长度宜为30~35mm,直径或等效直径为0.6~0.9mm,抗拉强度大于600MPa。

2 表面不得有锈蚀、油污等杂质。加工不良的粘连片、铁屑等杂质含量不得超过总重量的1.0%。

3 长度、直径偏差不应超过长度直径公称值的±10%,长径比偏差不应超过±15%,每根重量不应超过公称重量值的±15%。

  4 应具有良好的外形,形状合格率不应低于90%。

  5 应具有良好的弯折性能,能承受一次弯折90°而不断裂。

  6 在混凝土中不应变"V"形、不结团,具有良好的分散性。

条文说明

  采用合理的钢纤维掺量和短粗纤维形状是避免钢纤维在混凝土拌和时成团的技术途径。试验研究表明,多锚固点且带压痕的钢纤维,其锚固强度高、黏结性能好。

6.5.2 聚丙烯腈纤维应符合下列要求:

  1 应具有良好的亲水性能,且在水中能够均匀分散。

  2 采用直径 12~15μm,长度为 6~12mm,抗拉强度≥800MPa,弹性模量 7.0~9.0GPa。

  3 在混凝土中不应结团,分散性能优良。

  4 颜色应均匀,没有污染,不得含有杂物等杂质。

6.6 拌 和 用 水

6.6.1 拌和用水中的氯离子含量不得大于200mg/L。

7 混凝土性能

7.0.1 整平层混凝土拌和物的初始坍落度不应大于160mm,浇筑时的坍落度不宜大于120mm;桥面坡度大于3%时,整平层混凝土拌和物的坍落度不应大于80mm。

条文说明

桥面坡度大于3%时,摊铺整平层的混凝土将流向低处,无法控制整平层厚度,因此需要降低混凝土的流动性。

7.0.2 整平层水泥混凝土的强度等级不宜大于C40。当采用C40强度等级混凝土时,其力学性能应符合28d试配抗压强度不小于48MPa,28d试配抗折强度不小于5.5MPa,28d试配劈裂抗拉强度不小于4.0MPa的要求。

条文说明

整平层为桥面铺装调平结构层,不参与结构受力,强度等级不宜过高,将有利于防止混凝土收缩开裂。力学性能是指纤维混凝土的抗压强度、抗折强度和劈裂抗拉强度。

7.0.3 混凝土28d干燥收缩率不应大于4.0×10^{-4}。

条文说明

收缩率是指纤维混凝土的收缩率。

7.0.4 混凝土28d抗渗等级应达到W8。

条文说明

本规程的整平层通过保水养护、配合比设计等措施提高抗渗等级，取消防水层，因此规定了混凝土抗渗等级要求。

8 设计与施工

8.1 材料组成设计

8.1.1 整平层的混凝土,宜掺入 $0.7\sim0.9\mathrm{kg/m^3}$ 的聚丙烯腈纤维和 $35\sim50\mathrm{kg/m^3}$ 的钢纤维。具体掺量根据工程所处环境条件、纤维特点和原材料性能,通过试配调整确定。

条文说明

本规程适用于有沥青混凝土面层的桥面铺装整平层,当直接将混凝土整平层作为面层时,建议掺入 $0.8\sim1.0\mathrm{kg/m^3}$ 的聚丙烯腈纤维和 $60\sim80\mathrm{kg/m^3}$ 的钢纤维。

8.1.2 整平层混凝土中,粉煤灰的掺量宜小于 $80\mathrm{kg/m^3}$。

条文说明

粉煤灰具有降低混凝土收缩、提高抗渗等级、改善工作性能和抑制潜在的碱集料反应等特点,因此,在整平层混凝土配合比设计中应掺入粉煤灰。当直接将混凝土整平层作为面层时,如果粉煤灰掺量过高,会降低面层混凝土的耐磨性能,因此建议控制其掺量为 $50\sim60\mathrm{kg/m^3}$。

8.2 界面连接构造

8.2.1 主梁顶面宜设置不大于 50cm×50cm 间距的 φ8 闭合环形锚固钢筋,其构造如图 8.2.1 所示。

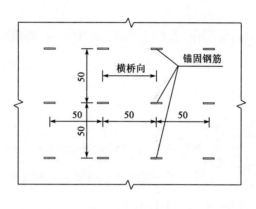

(a) 平面布置

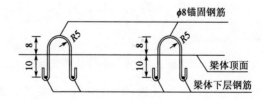

(b) 立面布置

图 8.2.1 梁顶锚固钢筋构造示意图(尺寸单位:cm)

8.2.2 在桥梁铺装整平层施工以前,应对梁体表面的垃圾、污物和松散结构进行清理、清洗和凿除,并保水浸透1h以上。铺装过程中,应随时洒水保证梁顶表面湿润,但不应存在积水。

条文说明

整平层与梁顶的连接力是保证整平层及面层耐久性最重要的技术指标,当连接力无法满足整平层受力要求时,将造成严重的质量问题。

8.3 桥面连续处理

8.3.1 桥梁连续钢筋直径、间距与位置的设计应符合结构受力要求,并应符合设计文件的规定。

条文说明

整平层复合强化技术只取消了铺装层中的钢筋网片,桥面连续处的钢筋构造设计应符合连续受力要求,并应按结构设计者提供的施工图施工。

8.3.2 桥面连续的纵向钢筋应交错布置,交错长度宜大于50cm。当桥面连续处梁端之间的间距大于8cm时,宜配置双层钢筋,或加大钢筋直径,并按桥面连续构造设计规定施工,其构造如图8.3.2所示。

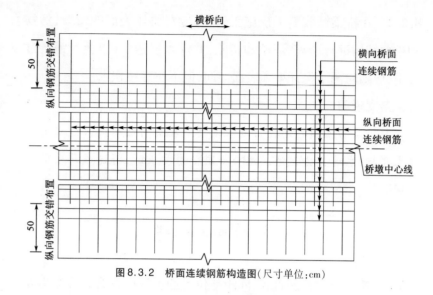

图 8.3.2 桥面连续钢筋构造图(尺寸单位:cm)

8.4 伸缩缝槽口整平层构造

8.4.1 伸缩缝槽口处混凝土配合设计应掺入 $0.7 \sim 0.9 kg/m^3$ 聚丙烯腈纤维和 $60 \sim 80 kg/m^3$ 钢纤维。

8.4.2 伸缩缝槽口处的整平层内应设置 D9 焊接钢筋网片,其网格间距为 $10cm \times 10cm$。

8.5 桥台处整平层构造

8.5.1 桥台整平层内应设置 D9 焊接钢筋网片,其网格间距为

10cm×10cm,钢筋网片距离混凝土顶面的净保护层厚度宜为3.5cm,钢筋搭接宜采用平搭法连接。

8.5.2 桥台整平层混凝土配合设计应掺入 0.7~0.9kg/m³ 的聚丙烯腈纤维和 60~80kg/m³ 的钢纤维。

8.5.3 在搭板与路基结合处,整平层的焊接钢筋网片应伸入路基的铺装内,其长度不宜小于 2m;并在距离整平层下缘 5cm 处增设一层钢筋网片并伸入路基和桥台搭板内,其长度不宜小于 1.5m,其构造如图 8.5.3 所示。

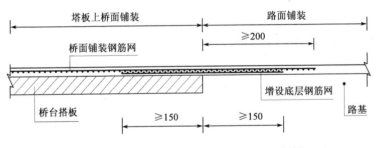

图 8.5.3 搭板与路基结合处整平层钢筋构造图(尺寸单位:cm)

8.6 整平层表面切缝

8.6.1 墩顶的整平层应设置一道横桥向切缝,桥墩间的整平层宜按每 10m 间距设置横桥向切缝;切缝应与防撞护栏断缝对齐。

8.6.2 墩顶的整平层切缝必须在整平层混凝土浇筑后 70~80h 内完成,桥墩间的整平层的切缝应在 7d 内完成。

8.6.3 整平层切缝的深度宜为 2cm,宽度宜为 3mm。

8.6.4 切缝前应精确放线,采用专用切割机,并严格控制行走轨道,确保切缝线形顺直、均匀。

8.7　整平层表面填缝

8.7.1 整平层切缝完成后,应及时清理、清洗和烘干,确保缝内干净、干燥。

8.7.2 填缝材料宜选用弹性好、黏结性高、温度稳定性可靠的塑性材料。

8.7.3 填缝材料灌注后的 3h 内,应采取遮盖等措施,保护填缝材料和桥面不受污染。

8.8 配合比设计

8.8.1 整平层混凝土的配合比宜采用密实骨架堆积法进行集料和矿物掺和料的组成设计。

条文说明

配合比集料组成设计采用密实骨架堆积法,其设计原理是通过寻求混凝土中的粗细集料的最大重度来寻找最小空隙率,通过曲线拟合可以得出集料间的最佳比例,使得制备出的混凝土有较好的工作性、优良的耐久性和经济性。

粉煤灰等矿物掺和料的密度和细度均比砂小,从材料堆积理论上讲,密度小的材料填充密度大的材料,其曲线会表现为具有峰值的抛物线形式。按四分法取料,进行最大重度测定,将试验数据通过曲线拟合得出致密堆积系数,获得最大堆积密度。

密实骨架堆积法首先将不同比例的粉煤灰(将粉煤灰作为矿物掺和料的代表,其他矿物掺和料计算方法与此相同)与砂进行充填单位重试验,获得最大单位重,再以粉煤灰与砂为细集料与石子进行充填单位重试验,从而获得三者最大单位重。由此可计算出最小空隙率,所需要的润滑浆量,依据强度和耐久性需求设定水胶比。密实骨架堆积法以大量满足安定性要求的集料为骨架,采用致密配比技术,使粗细集料的堆积密度达到最大,从而使水泥混凝土的结构达到最密实的程度,在保证混凝土强度的同时最大程度地降低了水泥的用量。

8.8.2 掺入复合外加剂和矿物掺和料,降低水泥用量,水泥用量不宜超过 $350kg/m^3$。

条文说明

由于整平层厚度薄,暴露面积大,干燥收缩控制困难,因此,在满足强度要求的前提下,降低水泥用量是防止收缩开裂的有效途径之一。

8.8.3 采用密实骨架堆积法计算的配合比,应进行工作性能与力学性能试验,检验其是否能够满足桥梁工程混凝土的技术指标。

8.8.4 通过试配和调整,验证密实骨架堆积法设计的配合比,以达到减少胶凝材料用量、提高工作性能和耐久性能的目标。

8.8.5 当遇有下列情况之一时,应重新进行配合比设计:

1 对混凝土性能指标有特殊要求时。
2 水泥、外加剂或矿物掺和料品种、质量有显著变化时。
3 该配合比的混凝土生产间断半年以上时。
4 施工气候条件或原材料发生较大变化时。

8.9 原材料检查

8.9.1 料棚应设置排水系统,棚内地面应做硬化处理。

8.9.2 砂、碎石、水泥等原材料应检验合格后才能进场堆放。

8.9.3 不同规格的砂石料之间应有隔离设施,并设立标识牌,严禁混杂。

8.9.4 集料应在料棚内堆放,应及时测定粗、细集料的含水率,宜每班抽测2~4次。

8.10 混凝土拌和

8.10.1 应检查原材料变化情况,并进行试拌配合比的现场调整。

8.10.2 应采用自动计量的强制式搅拌机进行集中拌和。

8.10.3 应标定材料计量系统,检测集料含水率,确定拌和用水量。

8.10.4 原材料投放顺序宜为碎石、纤维、砂、水泥、粉煤灰,应先干拌 5~10s,再加入拌和用水和减水剂拌和 80~100s,确认工作性能符合要求后出料运输。

8.11 工 作 性 能

8.11.1 混凝土初始坍落度的确定应考虑运距、运输时间、浇筑时间和气温对坍落度损失的影响。

条文说明

当运输时间较长时,应减小拌和物坍落度经时损失。

8.11.2 混凝土工作性能的测定内容包括坍落度、扩展度、坍落度损失,评判拌和物的包裹性能、保水性能、流动性能,具有抗冻性能要求的混凝土应测定含气量。

8.11.3 应检查初始坍落度和浇筑坍落度,初始坍落度每班检查 1~2 次,浇筑坍落度每班检查 2~4 次,坍落度变化范围不宜超过 ±20mm。

8.12 混凝土运输

8.12.1 准备工作

1 结合运输距离和气候条件,合理选择运输设备的种类和数量,宜选用专用罐车运输。

2 运输罐车装料前,应清洗料罐、洒水湿润、排干积水。

3 运输中应防止拌和物漏浆、漏料、混凝土离析、污染路面、长距离运输中高温造成的坍落度损失大等现象。

8.12.2 运输中宜以 2~4r/min 的转速搅动,卸料前应高速旋转 20~30s。

8.12.3 当混凝土运输至施工现场,其坍落度损失较大时,应加入与混凝土制备时相同的外加剂并快速搅拌,外加剂的数量和搅拌时间应事先通过试验确定,不得添加混凝土施工配合比计量外的用水。

8.13 施 工

8.13.1 工艺流程

施工准备→桥面高程验收→桥面预处理→安装连续钢筋→安

装模板→混凝土拌和→混凝土摊铺→混凝土振捣→混凝土整平→混凝土养护→桥面切缝、填缝。

8.13.2 施工准备

1 做好施工前的方案设计制订、技术交底等各项技术准备工作。

2 检查整平层施工质量保证体系和措施,明确质量检验程序和责任人。

3 检查保养三辊轴整平机、插入式振捣器、洒水机、除水设备等,滚轴表面应光滑,不应沾有硬化水泥浆。

4 拌和站的生产能力和车辆运输能力应能符合连续施工的需要,投入的设备在任何条件下应保障拌和、运输、摊铺、振捣、抹面、养护等各环节协调顺畅。

5 运输车辆通过已浇混凝土的桥面应限速、限重,防止车辆行驶振动带来的混凝土开裂等问题。

6 运输车辆行至待浇桥面现场时,应清洗车轮泥土等杂物,对已污染的待浇桥面应再次清洗。

7 应按有关技术要求填补梁体施工用的孔洞。

8 采用网格法测量已安装(或现浇)梁体顶面高程、纵横坡度、平整度的误差,对超过规范的误差应制订处理方案,报批准后进行处理。

8.13.3 桥面预处理

1 梁顶面应粗糙,应凿除浮浆和松散层,并清扫、冲洗干净。

2 分段、分幅施工的整平层,应凿除施工缝表面浮浆和松散层,并清扫、冲洗干净。

3 混凝土浇筑前,应至少提前 1h 洒水浸润湿透梁体顶面,但不得存在积水;当梁体顶面有露白时,应立即洒水保湿。

4 混凝土浇筑前,桥面锚固钢筋应复位。

条文说明

桥面洒水浸透和锚固钢筋的复位是保证梁体与整平层结合牢固的有效措施。

8.13.4 桥面连续钢筋

1 桥面连续处的钢筋,其网格尺寸、间距和位置应符合设计要求。

2 桥面连续的底模板不得侵占整平层的位置,应安装牢固、密封,严禁变形和漏浆。

8.13.5 模板安装与拆除

1 根据桥面厚度、平纵曲线参数,宜选用槽钢或角钢作为模板,同时作为三辊轴整平机的轨道;模板定位装置应可调,且牢固可靠。

2 模板下空隙处,应采用光面泡沫条等材料填塞密实;模板应顺直、平整,无高低错台现象。

3 应根据同步养护混凝土强度和气候条件,确定拆模时间,拆模时整平层混凝土抗压强度应大于15MPa,且拆模时间不应小于12h。

4 拆模后应及时清理施工缝的漏浆、杂物。

条文说明

根据测量确定的模板位置,采用植筋、钢支垫等措施支撑和固定模板,严格控制模板高程,保证桥面纵坡、横坡坡度的准确。桥面铺装层的模板,同时兼作三辊轴整平机的轨道,由于整平时发生轨道变形的概率较高,因此,定位时应考虑避免轨道振动变形的需要。

8.13.6 浇筑混凝土

1 混凝土浇筑宜在5~35℃的气温条件下进行,当不符合要求时应采取保温或降温措施。

2 高温季节施工时,应控制后场搅拌、前场卸料时间,合理调整摊铺进度。

3 确定浇筑顺序时,应从待浇路段的低处往高处进行。

4 对于伸缩缝槽口,应凿毛、浸水,使混凝土与槽口周边结合紧密,表面与已浇混凝土齐平。

8.13.7　振捣混凝土

1　浇筑混凝土时,宜采用三辊轴整平机和插入式振捣棒进行振捣,使其密实、平整。

2　在距离边角20cm处,应采用插入式振捣棒专门振捣密实。

3　振捣时,低洼处应及时补料、找平,严禁事后用水泥砂浆填补。

4　应采用人工"搓揉"法,使浇筑混凝土与已浇筑混凝土良好结合。

5　三辊轴整平机整平后,严禁再次人工抹平、收光。

条文说明

采用人工摊铺、插入式振捣和三辊轴整平机匀速缓慢振捣混凝土,其作业速度以拌和物表面不露粗集料、不再冒气泡并泛出水泥浆为准,插入式振捣器的振捣间距应一致。

8.14　养　　护

8.14.1　遮阳防雨

1　当气温高于35℃施工时,应设置活动棚罩遮盖。

2　当多雨季节施工时,应设置防雨棚。

8.14.2　保水养护

1　混凝土摊铺整平后,应立即覆盖厚型塑料薄膜养护,养护时间不宜小于4d。

2 厚型塑料薄膜应整体覆盖施工摊铺宽度,其厚度宜为0.08~0.15mm,技术指标应符合表8.14.2的要求。

表8.14.2 塑料薄膜技术指标要求

指 标 项 目		技 术 要 求
3d有效保水率(%)		≥90
一次性保水时间(d)		≥7
保温性能(用膜内温度与外界环境温度之差)		≥4℃
用养护膜养护的抗压强度比(%)（与标养比较）	3d	≥95
	7d	≥95
单位面积吸蒸馏水量(kg/m^2)		≥0.5

3 整平层混凝土的强度达到设计强度90%以前,严禁施工车辆在桥面作业。

4 当养护气温低于5℃或遇雨雪天气时,应采取覆盖棉被等保温措施。

条文说明

混凝土养护是使混凝土在一段时间内保持适当的温度、湿度,以营造良好混凝土硬化条件。

8.14.3 保水养护70~80h后,应按本规程要求及时完成切缝和填缝。

9 质量验收

9.0.1 整平层验收项目的检查方法的操作步骤应符合相关规范和技术规程的要求。

9.0.2 原材料的验收

1 砂石材料的质量技术标准应符合相关规范及设计文件要求。

2 聚羧酸系外加剂应符合低收缩、高韧性的技术要求,并应抽样试验。

3 钢纤维和聚丙烯腈应符合本规程规定的技术要求,并应抽样试验。

9.0.3 整平层质量检查与验收应符合表 9.0.3 的要求。

表9.0.3 整平层质量检查与验收指标要求

序号	验收项目		容许值	检验方法	备注
1	拌和物	经时损失(cm/h)	≤3	坍落度筒法检测	—
2		初始坍落度(cm)	≤16		—
3		浇筑坍落度(cm)	≤12		—
4		扩展度(cm)	≥35		—

表9.0.3(续)

序号	验收项目		容许值	检验方法	备注
5	强度	抗折强度(MPa)	≥5	抽样法	强度等级为C40混凝土
6		抗压强度(MPa)	≥40	抽样法和钻芯取样法	
7	模板或轨道	直线度(cm)	±1.0	经纬仪法和皮尺法	—
8		平整度(cm)	±0.5	3m直尺法	—
9	界面处理	清洁度	无灰尘、积水和垃圾等	目测法	—
10		浸透度	饱水状态	饱水法	—
11		锚筋位置(cm)	±1.5	直尺法	—
12	养护	覆盖薄膜时间(min)	≤5	—	整平后距覆盖薄膜的时间
13		拆除薄膜时间(d)	≥4	—	—
14		平整度(cm)	±0.8	3m直尺法	—
15		厚度(cm)	±2.0	—	—
16	切缝	深度(mm)	0,+5	直尺法	—
17		宽度(mm)	±1	游标卡尺法	—
18		直线度(mm)	±10	经纬仪法和皮尺法	—

9.0.4 表面抹平、收光的整平层不予验收。

条文说明

表面抹平、收光的整平层将降低与面层沥青混凝土的黏结力、延长覆盖薄膜时间、掩盖早期微裂缝,因此,不予验收。